Impressum
Verlag: BABADADA GmbH, Nedderfeld 112 , 22529 Hamburg
Geschäftsführer / Verlagsleitung: Harald Hof
Druck: Books on Demand GmbH, In de Tarpen 42, 22848 Norderstedt

Imprint
Publisher: BABADADA GmbH, Nedderfeld 112 , 22529 Hamburg, Germany
Managing Director / Publishing direction: Harald Hof
Print: Books on Demand GmbH, In de Tarpen 42, 22848 Norderstedt, Germany

skola

škola

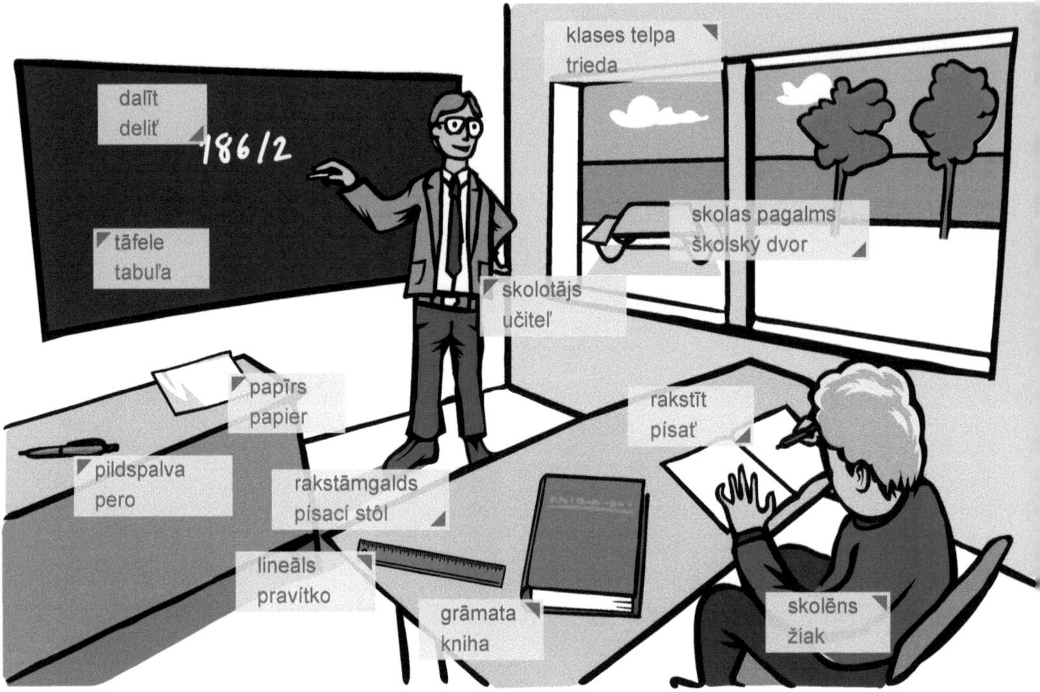
klases telpa
trieda
dalīt
deliť
186/2
tāfele
tabuľa
skolas pagalms
školský dvor
skolotājs
učiteľ
papīrs
papier
rakstīt
písať
pildspalva
pero
rakstāmgalds
písací stôl
lineāls
pravítko
grāmata
kniha
skolēns
žiak

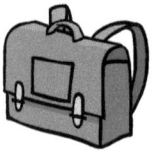

skolas soma

školská taška

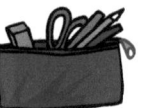

penālis

peračník

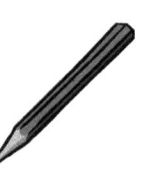

zīmulis

ceruza

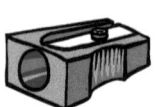

zīmuļu asināmais

strúhadlo na ceruzky

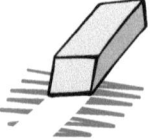

dzēšgumija

guma

zīmēšanas bloks

skicár

zīmējums

kresba

ota

štetec

krāsas

vodové farby

šķēres

nožnice

līme

lepidlo

darba burtnīca

cvičný zošit

mājas darbs

domáca úloha

12

skaitlis

číslo

2+2

saskaitīt

sčítať

5-2

atņemt

odčítať

2×2

reizināt

násobiť

rēķināt

počítať

A

burts

písmeno

ABCDEFG
HIJKLMN
OPQRSTU
VWXYZ

alfabēts

abeceda

hello

vārds

slovo

teksts

text

lasīt

čítať

krīts

krieda

mācību stunda

hodina

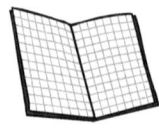

žurnāls

triedna kniha

eksāmens

skúška

liecība

certifikát

skolas forma

školská uniforma

izglītība

vzdelanie

enciklopēdija

encyklopédia

universitāte

univerzita

mikroskops

mikroskop

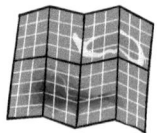

karte

mapa

papīrgrozs

kôš na papier

ceļojums
cesta

viesnīca
hotel
Grand
hostelis
nocľaháreň
ROOMS
valūtas maiņas punkts
zmenáreň
čemodāns
kufor
automašīna
auto

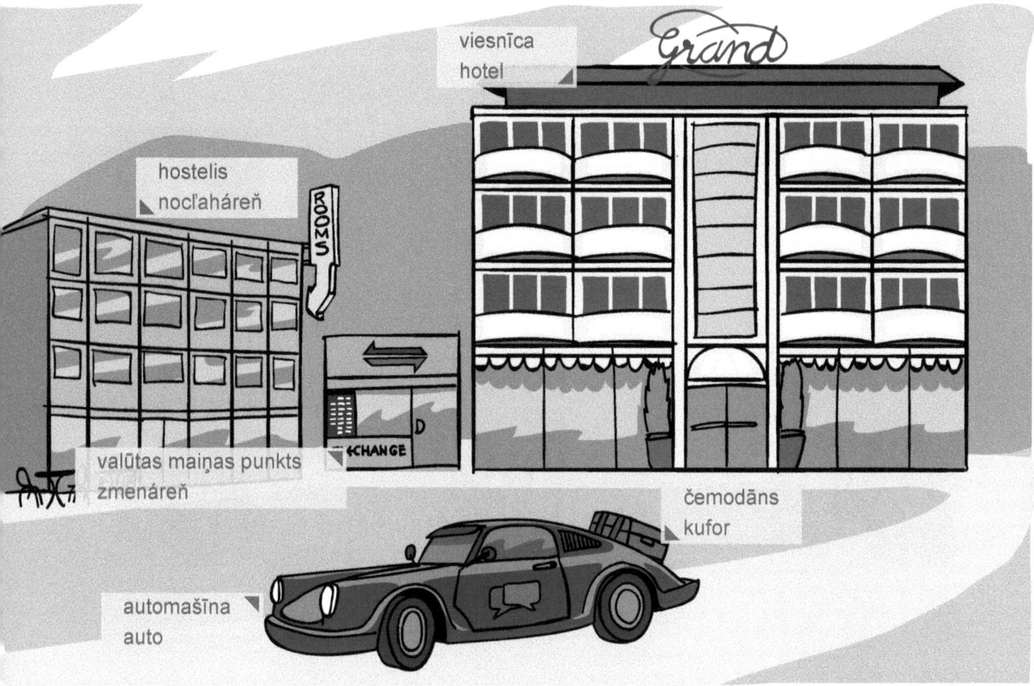

Valoda

jazyk

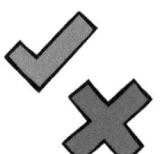

jā / nē

áno/nie

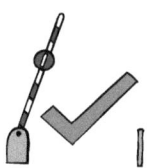

Okay

v poriadku

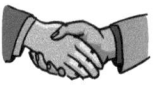

Sveiki!

ahoj

tulks

prekladateľ

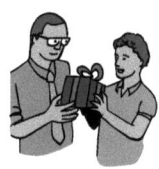

paldies

ďakujem

Cik maksā...?

Koľko stojí ... ?

Es nesaprotu

Nerozumiem

problēma

problém

Labvakar!

Dobrý večer!

Labrīt!

Dobré ráno!

Ar labu nakti!

Dobrú noc!

Uz redzēšanos

Dovidenia

virziens

smer

bagāža

batožina

soma

taška

mugursoma

batoh

viesis

hosť

istaba

izba

guļammaiss

spacák

telts

stan

tūrisma informācija

informácie pre turistov

pludmale

pláž

kredītkarte

kreditná karta

brokastis

raňajky

pusdienas

obed

vakariņas

večera

biļete

cestovný lístok

lifts

výťah

pastmarka

poštová známka

robeža

hranica

muita

clo

vēstniecība

veľvyslanectvo

vīza

vízum

pase

cestovný pas

ceļojums - cesta

transports
doprava

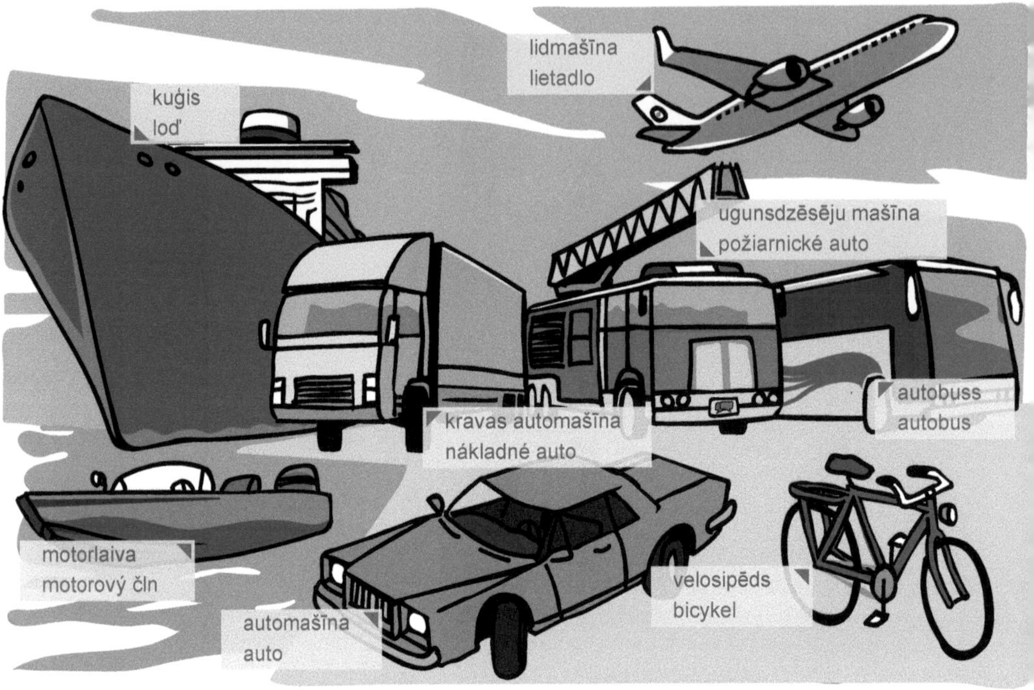
lidmašīna
lietadlo
kuģis
loď
ugunsdzēsēju mašīna
požiarnické auto
autobuss
autobus
kravas automašīna
nákladné auto
motorlaiva
motorový čln
velosipēds
bicykel
automašīna
auto

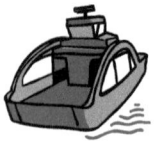

prāmis

trajekt

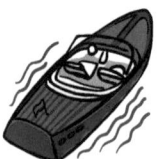

laiva

loď

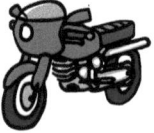

motocikls

motorka

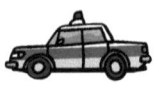

policijas automašīna

policajné auto

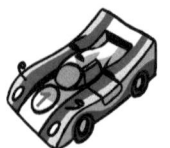

sacīkšu automobilis

pretekárske auto

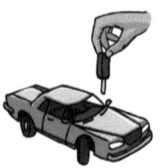

nomas auto

vozidlo z požičovne

auto koplietošana

carsharing

evakuators

odťahové auto

atkritumu mašīna

smetiarske auto

dzinējs

motor

benzīns

benzín

degvielas uzpildes stacija

čerpacia stanica

ceļa zīme

dopravná značka

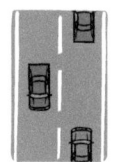

satiksme

premávka

sastrēgums

zápcha

stāvvieta

parkovisko

dzelzceļa stacija

vlaková stanica

sliedes

trate

vilciens

vlak

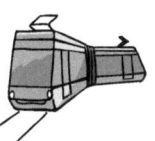

tramvajs

električka

vagons

vagón

helikopters

helikoptéra

lidosta

letisko

tornis

veža

pasažieris

pasažier

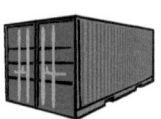

konteiners

kontajner

kaste

kartón

ratiņi

vozík

grozs

kôš

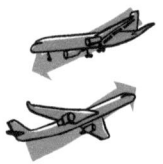

pacelties / nosēsties

štartovať / pristáť

pilsēta

mesto

ciems

dedina

pilsētas centrs

centrum mesta

māja

dom

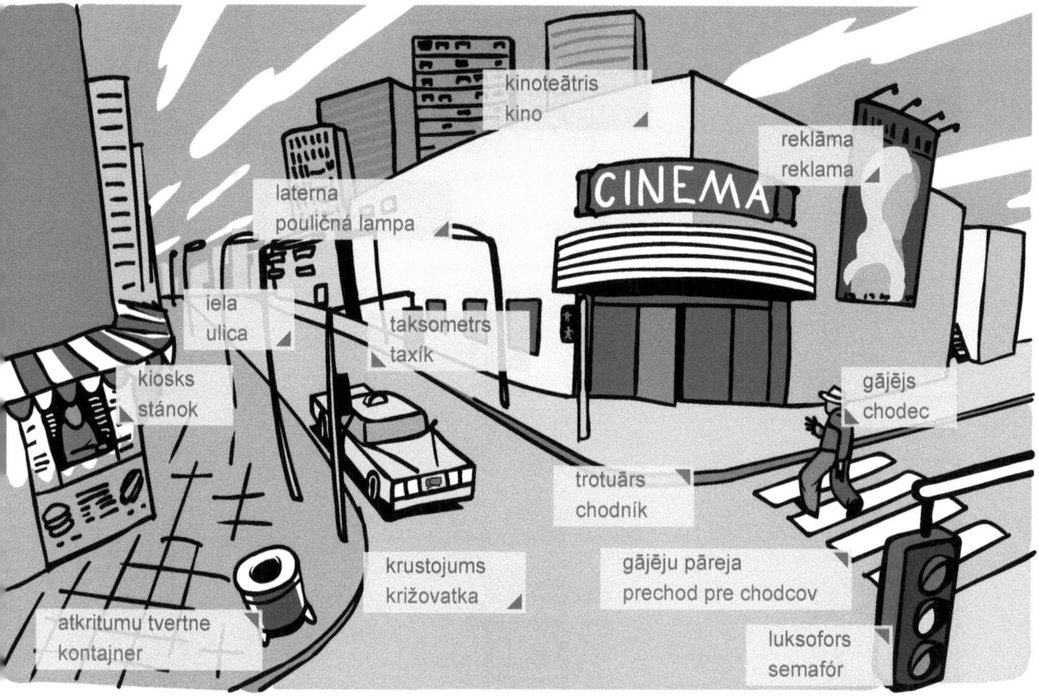

kinoteātris / kino

reklāma / reklama

laterna / pouličná lampa

CINEMA

iela / ulica

taksometrs / taxík

kiosks / stánok

gājējs / chodec

trotuārs / chodník

krustojums / križovatka

gājēju pāreja / prechod pre chodcov

atkritumu tvertne / kontajner

luksofors / semafór

būda
chata

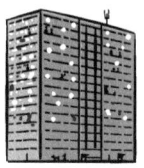

dzīvoklis
byt

dzelzceļa stacija
vlaková stanica

rātsnams
radnica

muzejs
múzeum

skola
škola

universitāte

univerzita

banka

banka

slimnīca

nemocnica

viesnīca

hotel

aptieka

lekáreň

birojs

kancelária

grāmatnīca

kníhkupectvo

veikals

obchod

ziedu veikals

kvetinárstvo

lielveikals

supermarket

tirgus

trh

tirdzniecības centrs

obchodný dom

zivju tirgotājs

obchodník s rybami

tirdzniecības centrs

nákupné stredisko

osta

prístav

parks
park

sols
lavička

tilts
most

kāpnes
schody

metro
metro

tunelis
tunel

autobusa pieturvieta
autobusová zastávka

bārs
bar

restorāns
reštaurácia

pastkastīte
poštová schránka

ielas nosaukuma plāksne
tabuľa s názvom ulice

stāvlaika skaitītājs
parkovacie hodiny

zooloģiskais dārzs
ZOO

peldbaseins
plaváreň

mošeja
mešita

zemnieku saimniecība
farma

vides piesārņojums
znečisťovanie životného prostredia

kapsēta
cintorín

baznīca
kostol

spēļu laukums
ihrisko

templis
chrám

ainava

terén

lapa
list

ceļrādis
smerová tabuľa

ceļš
cesta

pļava
lúka

akmens
kameň

koks
strom

ceļotājs
turista

upe
rieka

zāle
tráva

puķe
kvet

ieleja

dolina

kalns

kopec

ezers

jazero

mežs

les

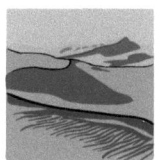

tuksnesis

púšť

vulkāns

vulkán

pils

zámok

varavīksne

dúha

sēne

hríb

palma

palma

moskīts

komár

muša

mucha

skudra

mravec

bite

včela

zirneklis

pavúk

vabole

chrobák

varde

žaba

vāvere

veverička

ezis

jež

zaķis

zajac

pūce

sova

putns

vták

gulbis

labuť

meža cūka

diviak

briedis

jeleň

alnis

los

aizsprosts

hrádza

vēja ģenerators

veterná turbína

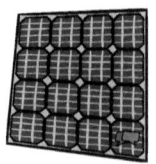

saules baterija

solárny panel

klimats

podnebie

restorāns
reštaurácia

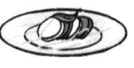

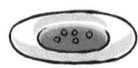

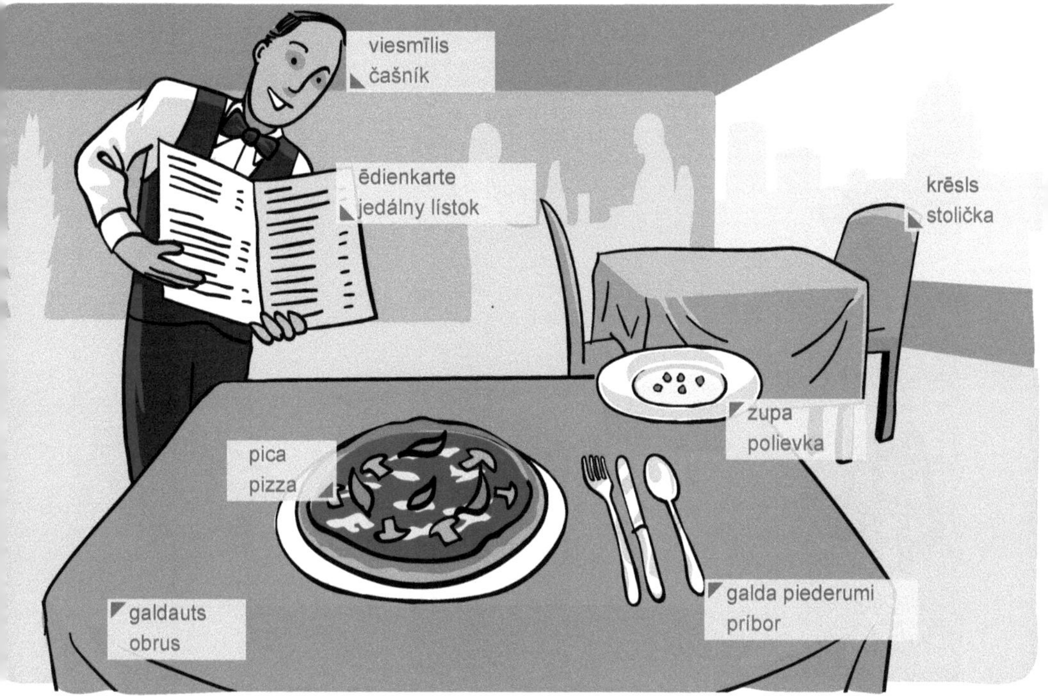
viesmīlis
čašník
ēdienkarte
jedálny lístok
krēsls
stolička
zupa
polievka
pica
pizza
galdauts
obrus
galda piederumi
príbor

uzkoda
predjedlo

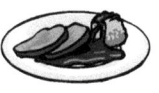

pamatēdiens
hlavné jedlo

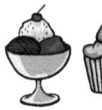

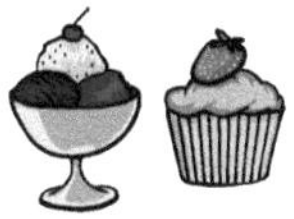

deserts
zákusok

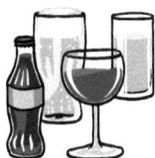

dzērieni
nápoje

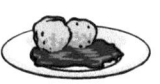

ēdiens
jedlo

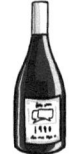

pudele
fľaša

ātrās uzkodas

fast-food

ielu uzkodas

street food

tējkanna

kanvica na čaj

cukurtrauks

cukornička

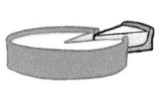

porcija

porcia

espresso kafijas automāts

stroj na espresso

bāra krēsls

detská stolička

rēķins

účet

paplāte

podnos

nazis

nôž

dakša

vidlička

karote

lyžica

tējkarote

čajová lyžička

salvete

obrúsok

glāze

pohár

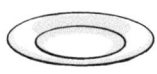

šķīvis

tanier

zupas šķīvis

hlboký tanier

apakštase

podšálka

mērce

omáčka

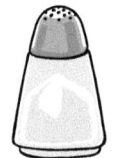

sāls trauciņš

soľnička

piparu dzirnaviņas

mlynček na korenie

etiķis

ocot

eļļa

olej

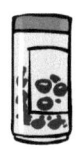

garšvielas

korenie

kečups

kečup

sinepes

horčica

majonēze

majonéza

lielveikals
supermarket

piedāvājums
špeciálna ponuka
FOR
klients
klient
piena produkti
mliečne výrobky
augļi
ovocie
iepirkumu ratiņi
nákupný vozík

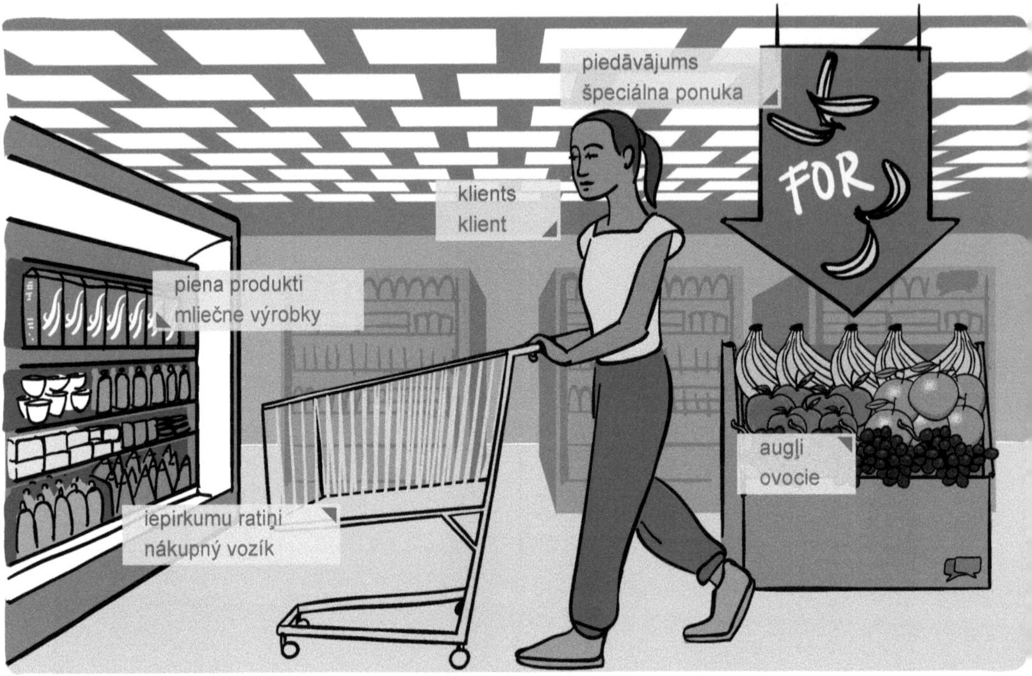

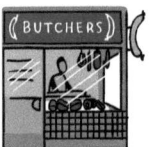

BUTCHERS
kautuve
mäsiarstvo

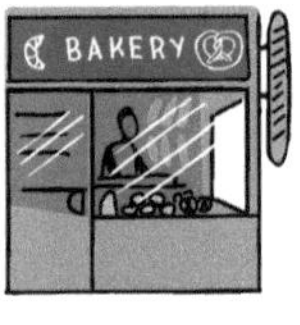

BAKERY
maizes veikals
pekáreň

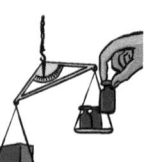

svērt
vážiť

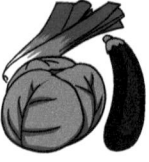

dārzeņi
zelenina

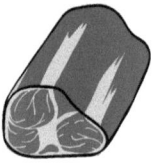

gaļa
mäso

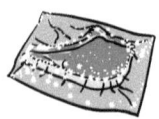

saldēti produkti
mrazené potraviny

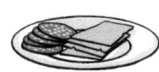

aukstās gaļas uzkodas

nárez

konservi

konzervy

pulveris

prací prostriedok

saldumi

sladkosti

mājsaimniecības preces

domáce potreby

tīrīšanas līdzeklis

čistiace prostriedky

pārdevēja

predavačka

kase

pokladňa

kasieris

pokladník

iepirkumu saraksts

nákupný zoznam

darba laiks

otváracie hodiny

maks

peňaženka

kredītkarte

kreditná karta

soma

taška

maisiņš

plastové vrecko

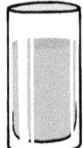

ūdens
voda

sula
džús

piens
mlieko

kola
kola

vīns
víno

alus
pivo

alkohols
alkohol

kakao
kakao

tēja
čaj

kafija
káva

espresso
espresso

kapučīno
kapučíno

banāns

banán

ābols

jablko

apelsīns

pomaranč

melone

melón

citrons

citrón

burkāns

mrkva

ķiploks

cesnak

bambuss

bambus

sīpols

cibuľa

sēne

hríb

rieksti

orechy

makaroni

rezance

spageti

špagety

rīsi

ryža

salāti

šalát

frī kartupeļi

hranolky

cepti kartupeļi

pečené zemiaky

pica

pizza

hamburgers

hamburger

sviestmaize

obložený chlebík

šnicele

rezeň

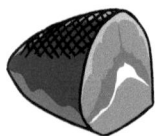

šķiņķis

šunka

salami

saláma

desa

klobása

vista

kurča

cepetis

pečené mäso

zivs

ryba

auzu pārslas

ovsené vločky

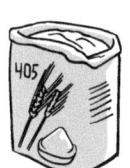

muslis

müsli

brokastu pārslas

kukuričné lupienky

milti

múka

radziņš

croissant

brokastu maizītes

pečivo

maize

chlieb

tostermaize

hrianka

cepumi

sušienky

sviests

maslo

biezpiens

tvaroh

kūka

koláč

ola

vajce

cepta ola

volské oko

siers

syr

ēdiens - jedlo

saldējums

zmrzlina

cukurs

cukor

medus

med

marmelāde

lekvár

riekstu krēms

nugátová nátierka

karijs

karí korenie

ēdiens - jedlo

zemnieku saimniecība

farma

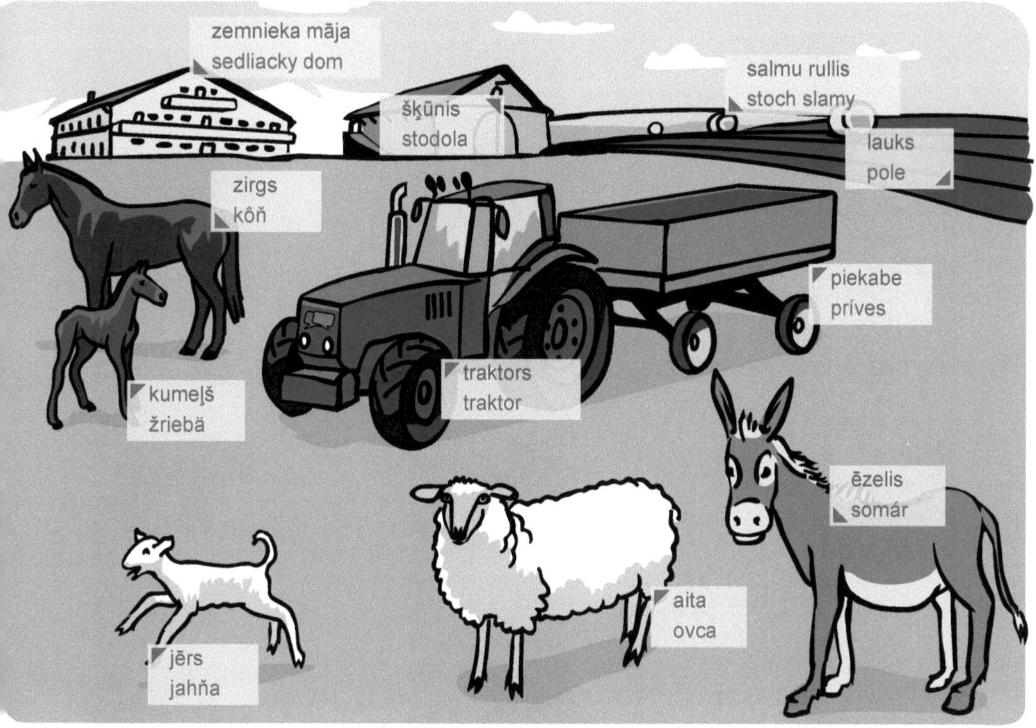
zemnieka māja
sedliacky dom
šķūnis
stodola
salmu rullis
stoch slamy
lauks
pole
zirgs
kôň
piekabe
príves
traktors
traktor
kumeļš
žriebä
ēzelis
somár
aita
ovca
jērs
jahňa

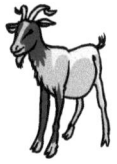

kaza

koza

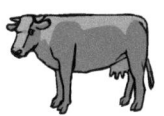

govs

krava

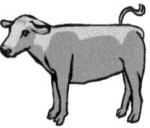

teļš

teľa

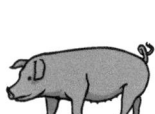

cūka

prasa

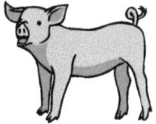

sivēns

prasiatko

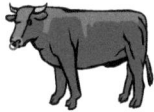

bullis

býk

zoss

hus

pīle

kačica

cālis

kuriatko

vista

sliepka

gailis

kohút

žurka

potkan

kaķis

mačka

pele

myš

vērsis

vôl

suns

pes

suņa būda

psia búda

dārza šļūtene

záhradná hadica

lejkanna

krhla

izkapts

kosa

arkls

pluh

sirpis

kosák

kaplis

motyka

mēslu dakša

vidly na hnoj

cirvis

sekera

ķerra

fúrik

sile

koryto

piena kanna

kanva na mlieko

maiss

vrece

žogs

plot

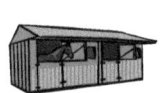

kūts

maštaľ

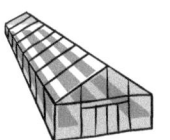

siltumnīca

skleník

augsne

pôda

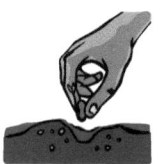

sēklas

osivo

mēslojums

hnojivo

kombains

kombajn

novākt ražu

žať

raža

žatva

jamss

batát

kvieši

pšenica

soja

sója

kartupelis

zemiak

kukurūza

kukurica

rapsis

repka

augļu koks

ovocný strom

manioka

maniok

labība

obilie

māja
dom

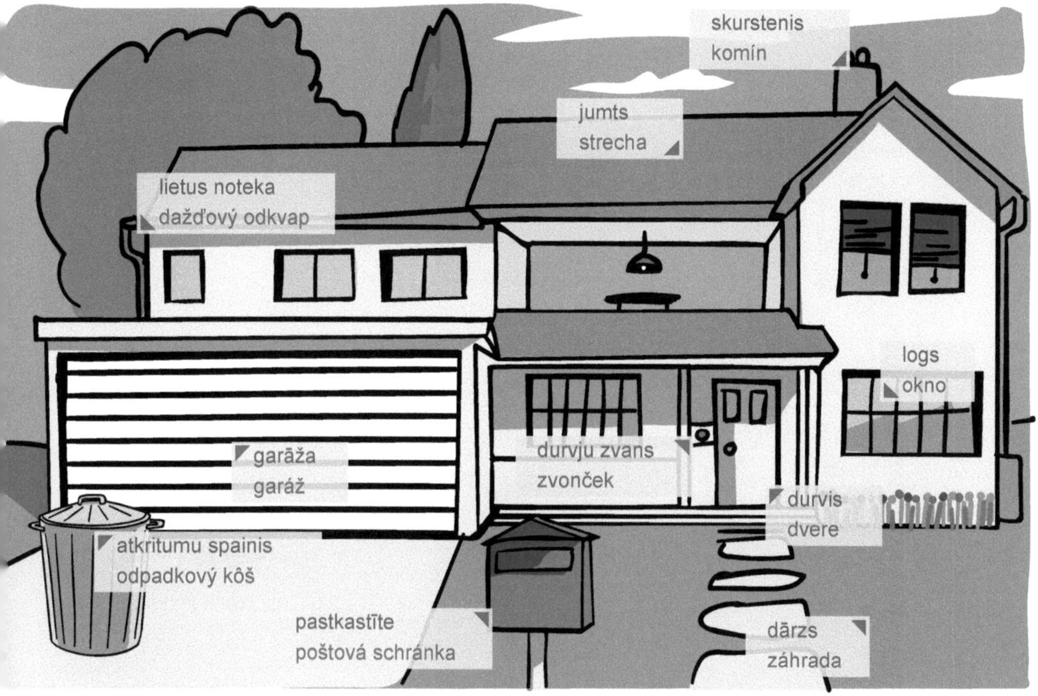
skurstenis
komín
jumts
strecha
lietus noteka
dažďový odkvap
logs
okno
garāža
garáž
durvju zvans
zvonček
durvis
dvere
atkritumu spainis
odpadkový kôš
pastkastīte
poštová schránka
dārzs
záhrada

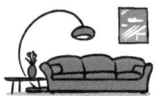

viesistaba

obývačka

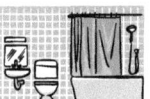

vannas istaba

kúpeľňa

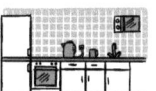

virtuve

kuchyňa

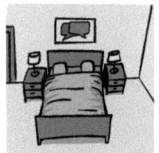

guļamistaba

spálňa

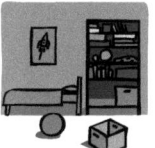

bērnu istaba

detská izba

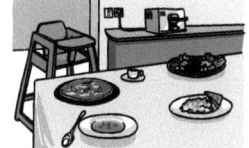

ēdamistaba

jedáleň

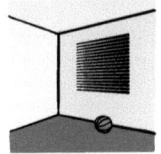

grīda
podlaha

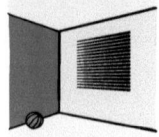

siena
stena

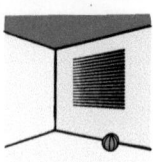

griesti
strop

pagrabs
pivnica

sauna
sauna

balkons
balkón

terase
terasa

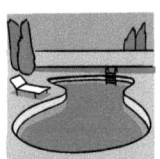

baseins
bazén

zāles pļāvējs
kosačka

gultas veļa
obliečka

sega
posteľná prikrývka

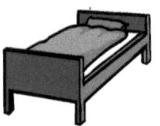

gulta
posteľ

slota
metla

spainis
vedro

slēdzis
vypínač

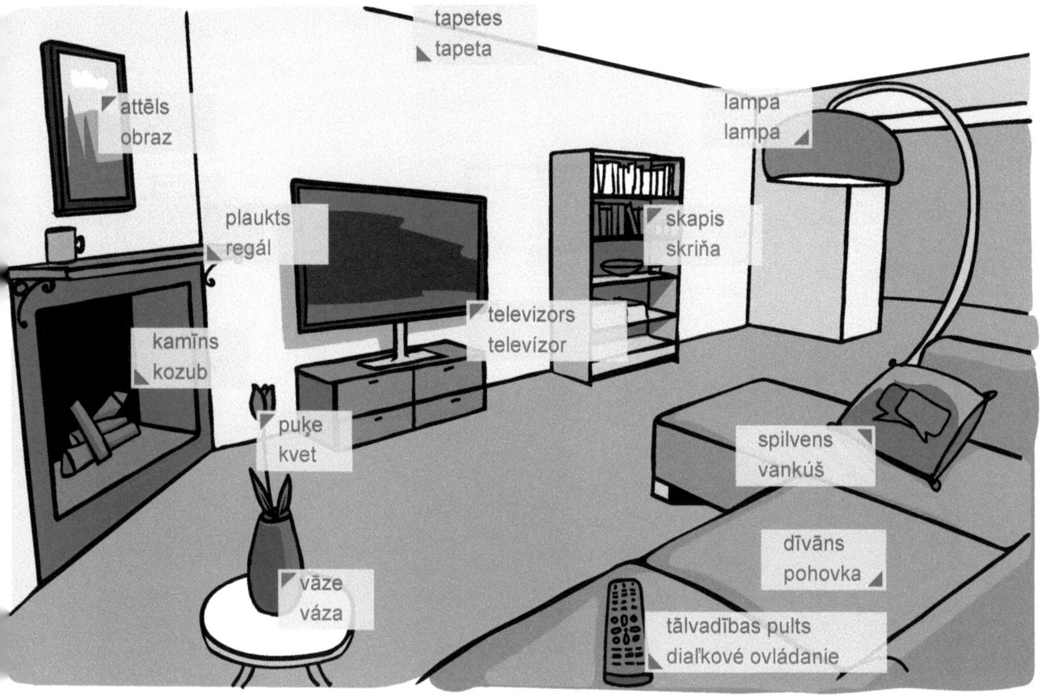

tapetes
tapeta

attēls
obraz

lampa
lampa

plaukts
regál

skapis
skriňa

kamīns
kozub

televizors
televízor

puķe
kvet

spilvens
vankúš

dīvāns
pohovka

vāze
váza

tālvadības pults
diaľkové ovládanie

paklājs
koberec

aizkars
záclona

galds
stôl

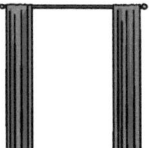

krēsls
stolička

šūpuļkrēsls
hojdacie kreslo

atpūtas krēsls
kreslo

grămata

kniha

sega

prikrývka

dekorãcija

dekorácia

malka

drevo na kúrenie

filma

film

mūzikas centrs

hi-fi veža

atslēga

kľúč

avīze

noviny

glezna

maľba

plakāts

plagát

radio

rádio

pierakstu blociņš

zápisník

putekļu sūcējs

vysávač

kaktuss

kaktus

svece

sviečka

virtuve
kuchyňa

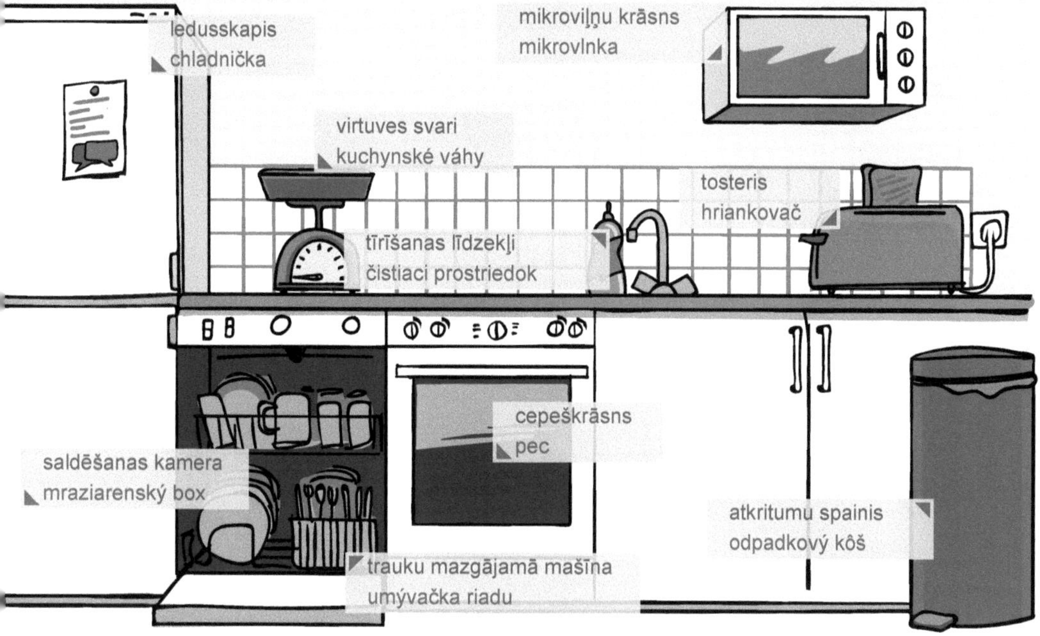

ledusskapis
chladnička
mikroviļņu krāsns
mikrovlnka
virtuves svari
kuchynské váhy
tosteris
hriankovač
tīrīšanas līdzekļi
čistiaci prostriedok
cepeškrāsns
pec
saldēšanas kamera
mraziarenský box
atkritumu spainis
odpadkový kôš
trauku mazgājamā mašīna
umývačka riadu

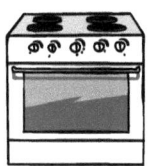

plīts
sporák

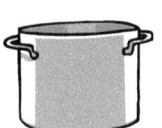

pods
hrniec

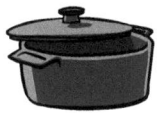

katls
železný hrniec

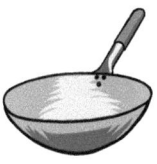

Wok panna
wok / kadai

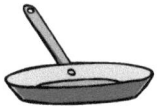

panna
panvica

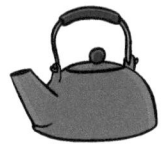

elektriskā tējkanna
rýchlovarná kanvica

tvaika katls

parný hrniec

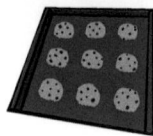

cepešpanna

plech na pečenie

trauki

riad

krūze

pohár

bļoda

misa

irbulīši

paličky

kauss

naberačka na polievku

lāpstiņa

stierka

putošanas slotiņa

metlička

sietiņš

cedidlo

siets

sitko

rīve

strúhadlo

piesta

mažiar

grilēt

gril

atklāts pavards

ohnisko

dēlis

doska na krájanie

mīklas rullis

valček na cesto

korķu viļķis

vý_vrtka

bundža

konzerva

konservu nazis

otvárač na konzervy

virtuves cimdi

chňapka

izlietne

výlevka

birste

kefa

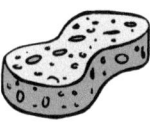

sūklis

hubka

mikseris

mixér

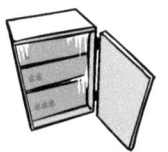

saldētava

mraznička

bērna pudelīte

kojenecká fľaša

ūdenskrāns

vodovodný kohútik

vannas istaba
kúpeľňa

apkure
kúrenie
dvielis
uterák
duša
sprcha
dušas aizkari
sprchový záves
vannas putas
pena do kúpeľa
vanna
vaňa
glāze
pohár
veļas mašīna
práčka
ūdenskrāns
vodovodný kohútik
flīzes
dlaždice
podiņš
nočník
izlietne
výlevka

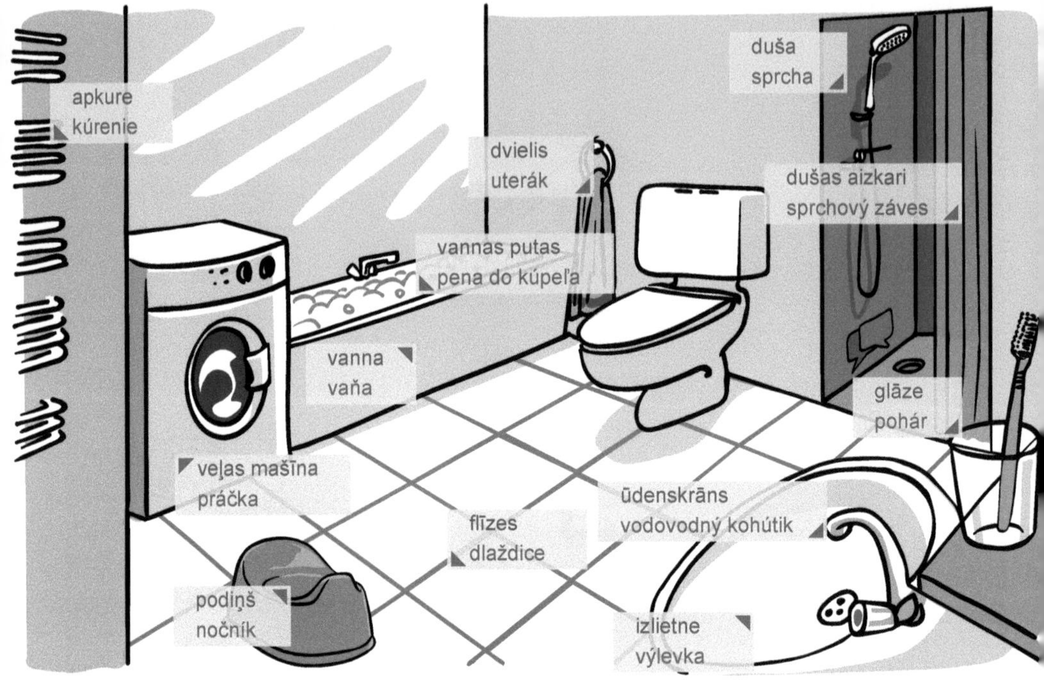

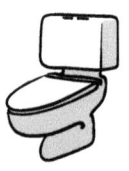

tualetes pods

záchod

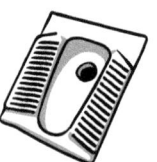

Āzijas tipa tualete

suchý záchod

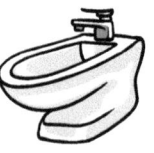

bidē

bidet

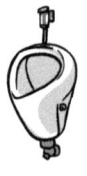

pisuārs

pisoár

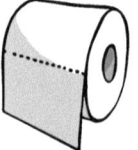

tualetes papīs

toaletný papier

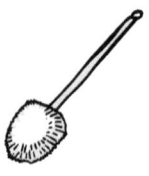

tualetes birste

záchodová kefa

zobu birste

zubná kefka

zobu pasta

zubná pasta

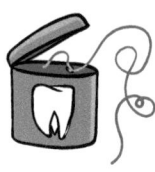

zobu diegs

dentálna niť

mazgāt

umývať

rokas duša

ručná sprcha

duša

sprcha pre intímnu hygienu

bļoda

umývadlo

muguras mazgāšanas birste

kefa na chrbát

ziepes

mydlo

dušas želeja

sprchový gél

šampūns

šampón

mazgāšanas drāna

frotírová rukavica

noteka

odtok

krēms

krém

dezodorants

dezodorant

spogulis

zrkadlo

spogulītis

kozmetické zrkadlo

skuveklis

žiletka

skūšanās putas

pena na holenie

losjons pēc skūšanās

voda po holení

ķemme

hrebeň

matu suka

kefa

matu fēns

sušič vlasov

matu laka

sprej na vlasy

grima komplekts

make-up

lūpu krāsa

rúž

nagulaka

lak na nechty

vate

vata

šķērītes

nožnice na nechty

smaržas

parfum

kosmētikas maks

kozmetická taška

ķeblītis

stolček

svari

váha

halāts

kúpací plášť

tīrīšanas cimdi

gumové rukavice

tampons

tampón

pakete

menštruačná vložka

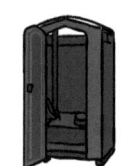

ķīmiskā tualete

chemické WC

bērnu istaba
detská izba

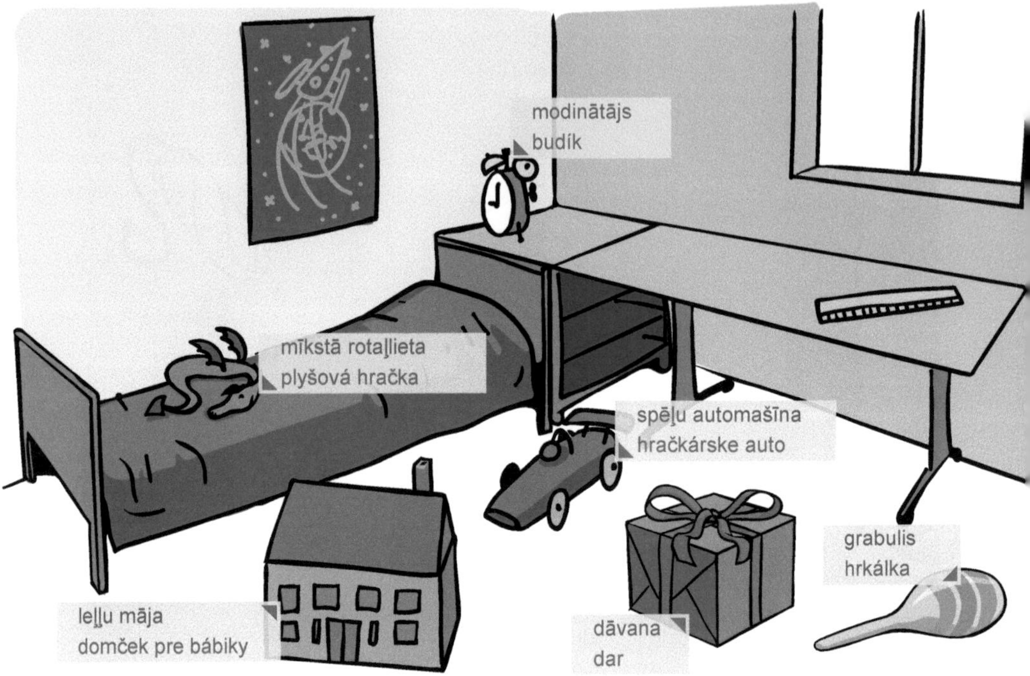
modinātājs
budík
mīkstā rotaļlieta
plyšová hračka
spēļu automašīna
hračkárske auto
grabulis
hrkálka
leļļu māja
domček pre bábiky
dāvana
dar

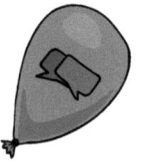

balons

balón

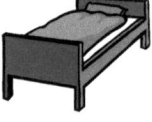

gulta

posteľ

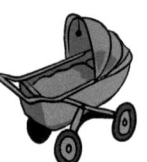

bērnu ratiņi

detský kočík

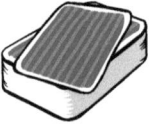

kārtis

karty

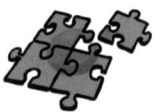

puzle

puzzle

komikss

komix

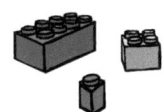

LEGO klucīši

skladačka lego

klucīši

stavebnica

varoņu figūra

akčná postavička

rāpulītis

dupačky

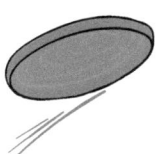

lidojošais šķīvītis

lietajúci tanier

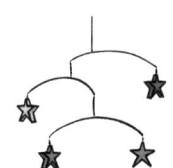

muzikālais karuselis

závesné hračky

galda spēle

stolová hra

metamais kauliņš

kocka

rotaļu dzelzceļš

modelový vláčik

māneklis

cumlík

ballīte

párty

bilžu grāmata

obrázková kniha

bumba

lopta

lelle

bábika

spēlēt

hrať sa

smilšu kaste

pieskovisko

šūpoles

hojdačka

rotaļlietas

hračky

spēļu konsole

hracia konzola

trīsritenis

trojkolka

plīša lācītis

medvedík

drēbju skapis

šatník

apģērbs

šatstvo

īszeķes

ponožky

zeķes

pančuchy

zeķbikses

pančuchové nohavičky

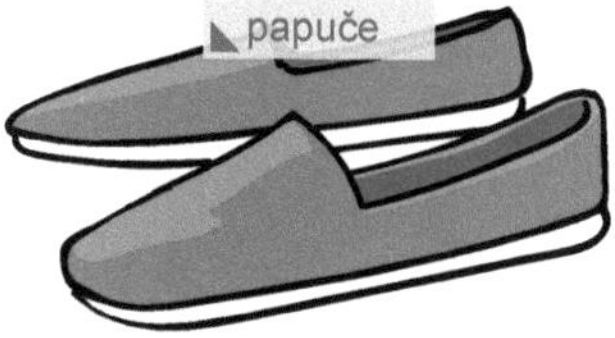

šalle
šál

lietussargs
dáždnik

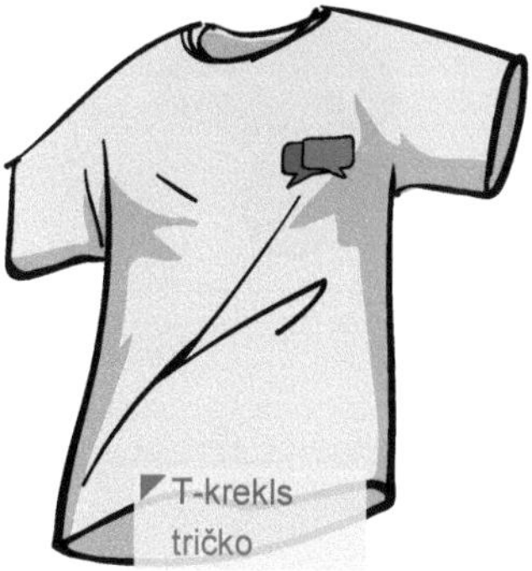

siksna
opasok

T-krekls
tričko

zābaks
čižmy

čības
papuče

botas
tenisky

sandales
....
sandále

kurpes
....
topánky

gumijas zābaki
....
gumáky

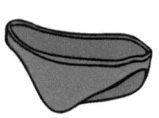

apakšbikses
....
spodky

krūšturis
....
podprsenka

apakškrekls
....
tielko

bodijs
body

bikses
nohavice

džinsi
džínsy

svārki
sukňa

blūze
blúzka

krekls
košeľa

pulovers
pulóver

džemperis
sveter

žakete
blejzer

jaka
bunda

mētelis
kabát

lietus mētelis
pršiplášť

kostīms
kostým

kleita
šaty

kāzu kleita
svadobné šaty

uzvalks

oblek

naktskrekls

nočná košeľa

pidžama

pyžamo

sari

sari

lakats

šatka na hlavu

turbāns

turban

burka

burka

kaftāns

kaftan

abaja

abaja

peldkostīms

dvojdielne plavky

peldbikses

plavky

šorti

šortky

treniņtērps

tepláková súprava

priekšauts

zástera

cimdi

rukavice

poga

gombík

brilles

okuliare

rokassprādze

náramok

kaklarota

retiazka

gredzens

prsteň

auskars

náušnica

cepure

čiapka

drēbju pakaramais

vešiak

platmale

klobúk

kaklasaite

kravata

rāvējslēdzējs

zips

ķivere

prilba

bikšturi

traky

skolas forma

školská uniforma

uniforma

uniforma

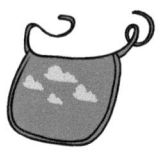

priekšautiņš
podbradník

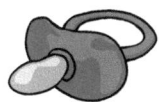

māneklis
cumlík

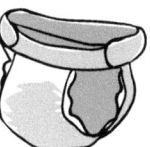

autiņbiksītes
plienka

birojs
kancelária

serveris
server
dokumentu skapis
skriňa na spisy
printeris
tlačiareň
papīrs
papier
monitors
monitor
rakstāmgalds
písací stôl
pele
myš
dokumentu vāki
zakladač
klaviatūra
klávesnica
papīrgrozs
kôš na papier
dators
počítač
krēsls
stolička

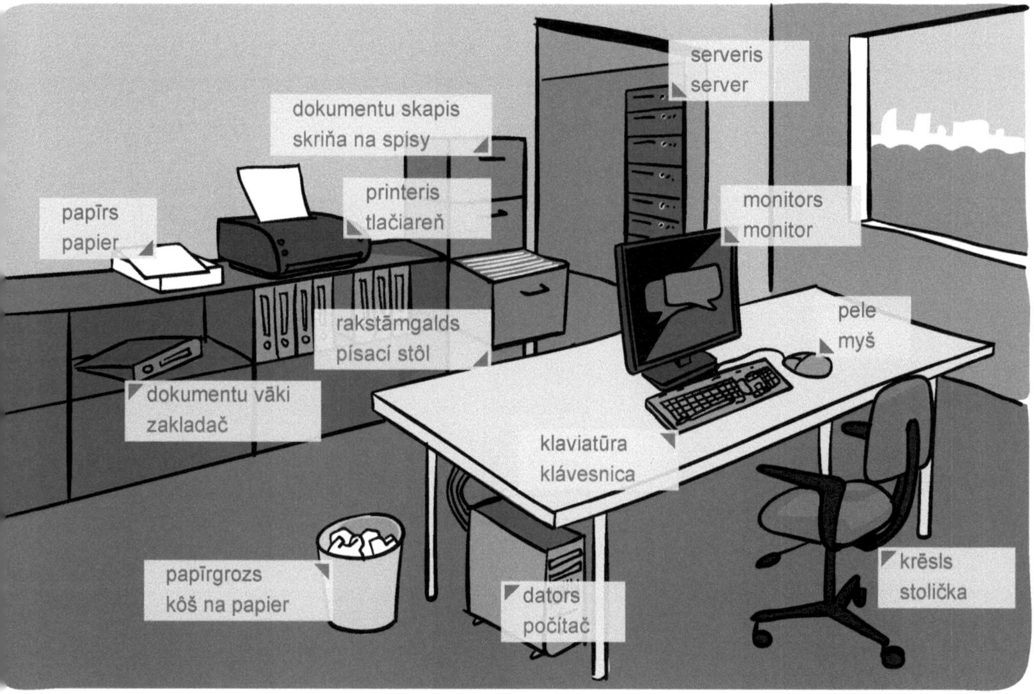

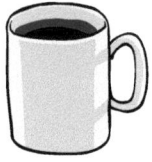

kafijas krūze
hrnček na kávu

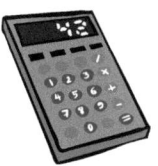

kalkulators
kalkulačka

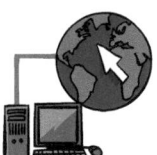

internets
internet

portatīvais dators
laptop

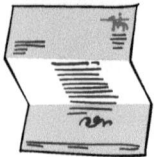

vēstule
list

ziņa
správa

mobilais tālrunis
mobil

tīkls
sieť

kopētājs
kopírka

programmatūra
softvér

telefons
telefón

rozete
elektrická zásuvka

faksa aparāts
fax

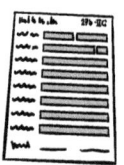

formulārs
formulár

dokuments
doklad

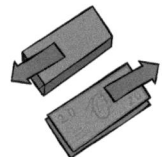

pirkt

kúpiť

samaksāt

platiť

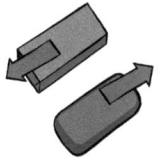

tirgot

obchodovať

nauda

peniaze

 USD

dolārs

dolár

 EUR

eiro

euro

 JPY

jēna

jen

 RUB

rublis

rubeľ

 CHF

franks

švajčiarsky frank

 CNY

juaņa renminbi

čínsky jüan

 INR

rūpija

rupia

bankomāts

bankomat

valūtas maiņas punkts

zmenáreň

zelts

zlato

sudrabs

striebro

nafta

ropa

enerģija

energia

cena

cena

līgums

zmluva

nodoklis

daň

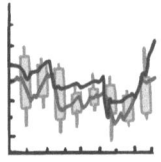

akcija

akcia

strādāt

pracovať

darbinieks

zamestnanec

darba devējs

zamestnávateľ

fabrika

továreň

veikals

obchod

profesijas
povolania

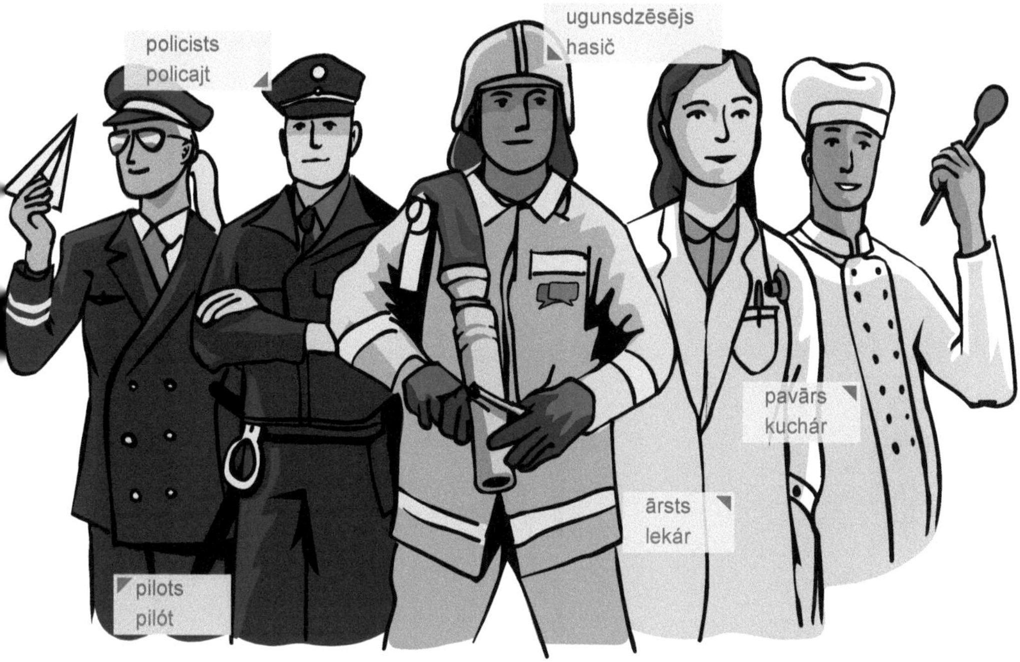

policists
policajt
ugunsdzēsējs
hasič
pavārs
kuchár
ārsts
lekár
pilots
pilót

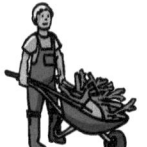

dārznieks

záhradník

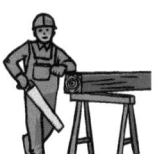

galdnieks

stolár

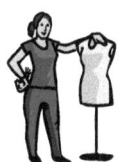

šuvēja

krajčírka

tiesnesis

sudca

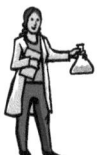

ķīmiķis

chemik

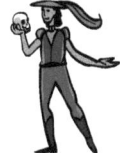

aktieris

herec

autobusa vadītājs

vodič autobusu

taksometra vadītājs

taxikár

zvejnieks

rybár

apkopēja

upratovačka

jumiķis

pokrývač

viesmīlis

čašník

mednieks

poľovník

gleznotājs

maliar

maiznieks

pekár

elektriķis

elektrikár

celtnieks

stavebný robotník

inženieris

inžinier

miesnieks

mäsiar

skārdnieks

klampiar

pastnieks

poštár

karavīrs

vojak

arhitekts

architekt

kasieris

pokladník

florists

kvetinár

frizieris

kaderník

konduktors

sprievodca

mehāniķis

mechanik

kapteinis

kapitán

zobārsts

zubár

zinātnieks

vedec

rabīns

rabín

imāms

imám

mūks

mních

mācītājs

farár

instrumenti
náradie

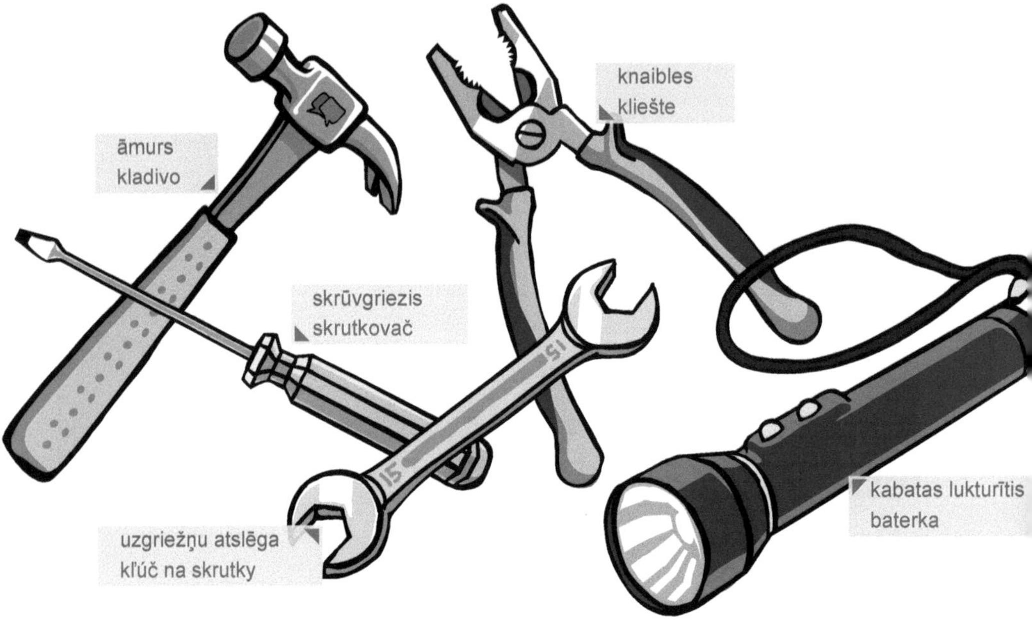

āmurs
kladivo
knaibles
kliešte
skrūvgriezis
skrutkovač
uzgriežņu atslēga
kľúč na skrutky
kabatas lukturītis
baterka

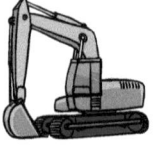

ekskavators

bager

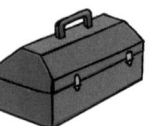

instrumentu kaste

súprava náradia

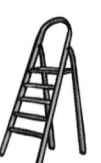

kāpnes

rebrík

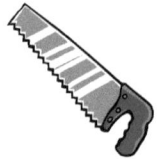

zāģis

pílka

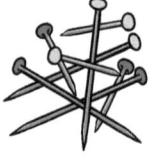

naglas

klince

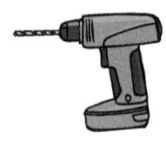

urbis

vrták

remontēt

opraviť

lāpsta

lopata

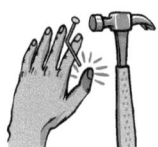

Velns!

Do čerta!

liekšķere

lopatka na smeti

krāsas bundža

nádoba s farbou

skrūves

skrutky

mūzikas instrumenti
hudobné nástroje

bungas
bicie

skaļrunis
reproduktor

ģitāra
gitara

kontrabass
kontrabas

trompete
trúbka

klavieres

klavír

vijole

husle

bass

basa

timpāni

tympany

bungas

bubon

digitālās klavieres

klávesnica

saksofons

saxofón

flauta

flauta

mikrofons

mikrofón

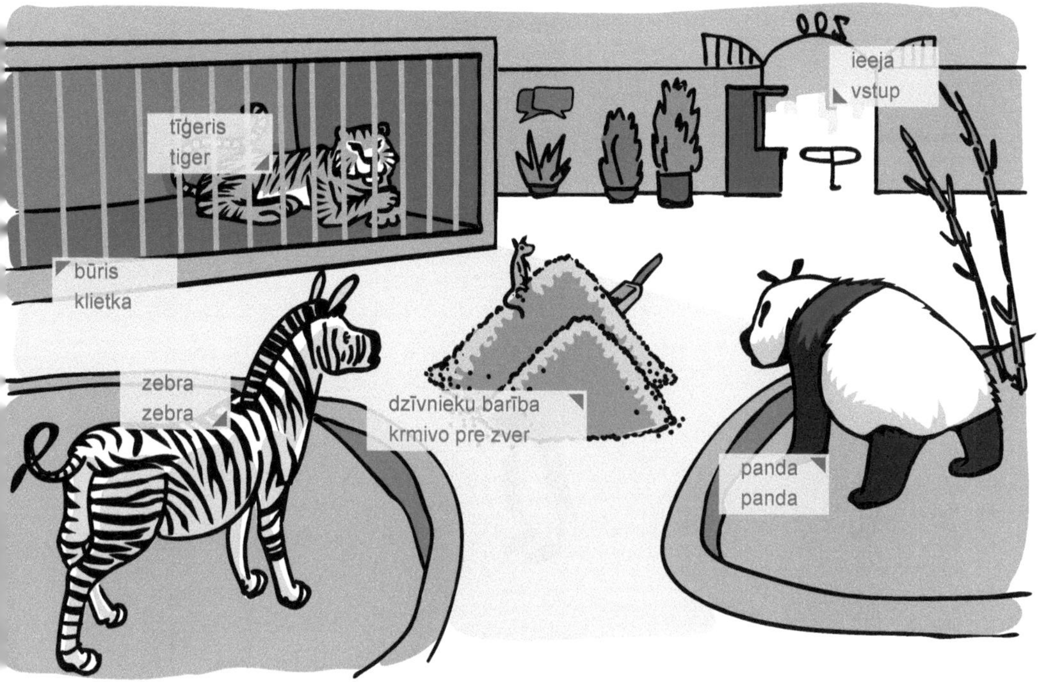

ieeja
vstup

tīģeris
tiger

būris
klietka

zebra
zebra

dzīvnieku barība
krmivo pre zver

panda
panda

dzīvnieki
....
zvieratá

zilonis
....
slon

ķengurs
....
klokan

degunradzis
....
nosorožec

gorilla
....
gorila

lācis
....
medveď

kamielis

ťava

strauss

pštros

lauva

lev

pērtiķis

opica

flamings

plameniak

papagailis

papagáj

polārlācis

ľadový medveď

pingvīns

tučniak

haizivs

žralok

pāvs

páv

čūska

had

krokodils

krokodíl

zoodārza sargs

ošetrovateľ v ZOO

ronis

tuleň

jaguārs

jaguár

ponijs

poník

leopards

leopard

nīlzirgs

hroch

žirafe

žirafa

ērglis

orol

meža cūka

diviak

zivs

ryba

bruņurupucis

korytnačka

valzirgs

mrož

lapsa

líška

gazele

gazela

amerikāņu futbols
americký futbal

riteņbraukšana
cyklistika

teniss
tenis

basketbols
basketbal

peldēšana
plávanie

bokss
box

hokejs
hokej

futbols
futbal

badmintons
bedminton

vieglatlētika
ľahká atletika

rokas bumba
hádzaná

slēpošana
lyžovanie

polo
pólo

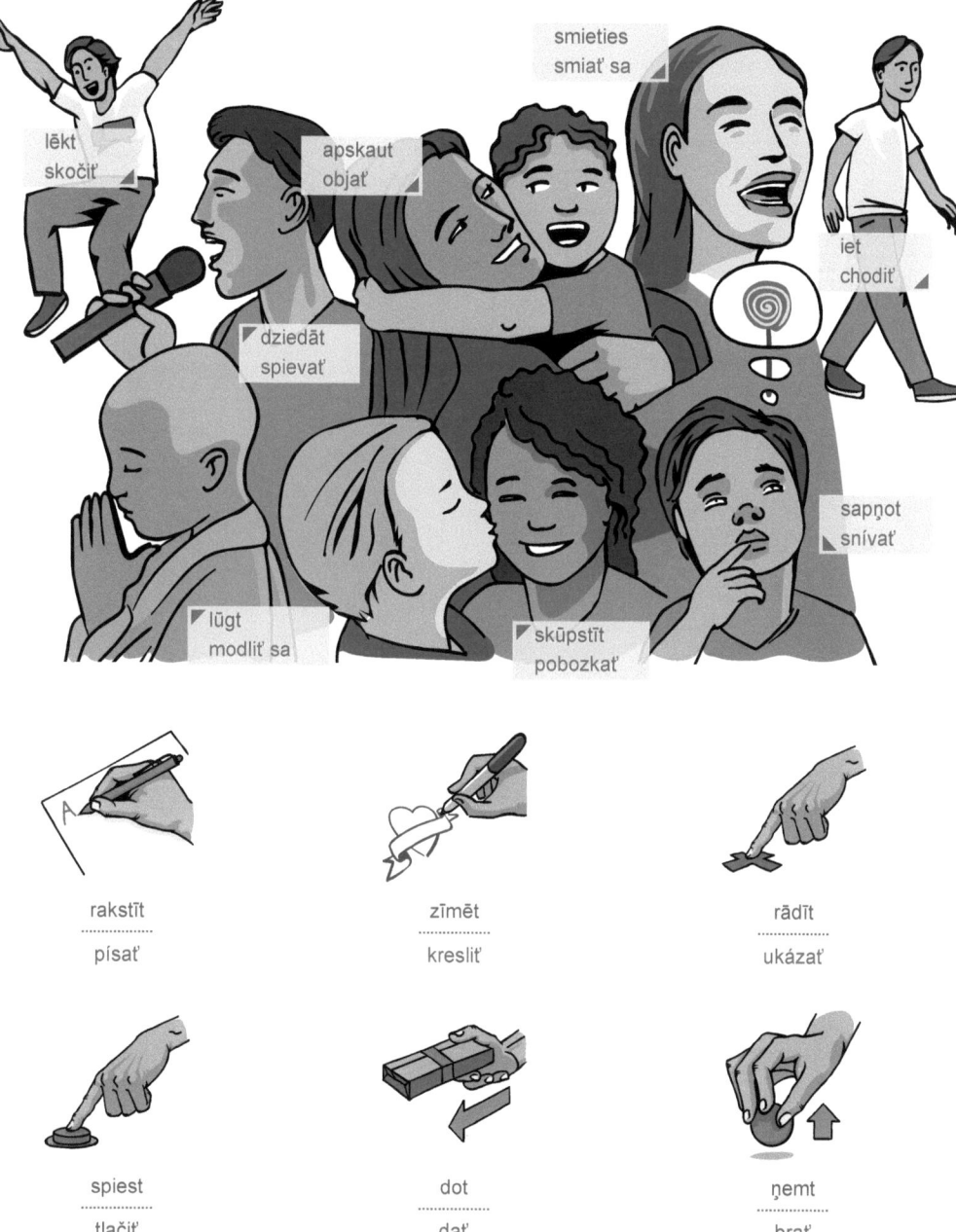

lēkt
skočiť

apskaut
objať

smieties
smiať sa

iet
chodiť

dziedāt
spievať

sapņot
snívať

lūgt
modliť sa

skūpstīt
pobozkať

rakstīt
písať

zīmēt
kresliť

rādīt
ukázať

spiest
tlačiť

dot
dať

ņemt
brať

būt

mať

darīt

robiť

būt

byť

stāvēt

stáť

skriet

bežať

vilkt

ťahať

mest

hádzať

krist

padnúť

gulēt

ležať

gaidīt

čakať

nest

nosiť

sēdēt

sedieť

uzģērbt

obliecť sa

gulēt

spať

pamosties

zobudiť sa

skatīties

pozerať

raudāt

plakať

glāstīt

hladkať

ķemmēt

česať

runāt

hovoriť

saprast

rozumieť

jautāt

pýtať sa

dzirdēt

počuť

dzert

piť

ēst

jesť

sakārtot

upratať

mīlēt

milovať

vārīt

variť

braukt

jazdiť

lidot

letieť

burot

plachtiť

rēķināt

počítať

lasīt

čítať

mācīties

učiť sa

strādāt

pracovať

precēties

oženiť

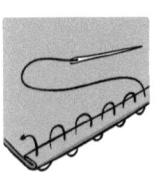

šūt

šiť

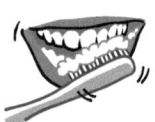

tīrīt zobus

čistiť zuby

nogalināt

zabiť

smēķēt

fajčiť

sūtīt

poslať

vecāmāte
stará mama

vectēvs
starý otec

tēvs
otec

māte
mama

mazulis
bábo

meita
dcéra

dēls
syn

viesis
hosť

tante
teta

onkulis
strýko

brālis
brat

māsa
sestra

ķermenis
telo

piere
čelo
acs
oko
plecs
plece
pirksts
prst
seja
tvár
zods
brada
roka
ruka
krūtis
hruď
kāja
noha
roka
rameno

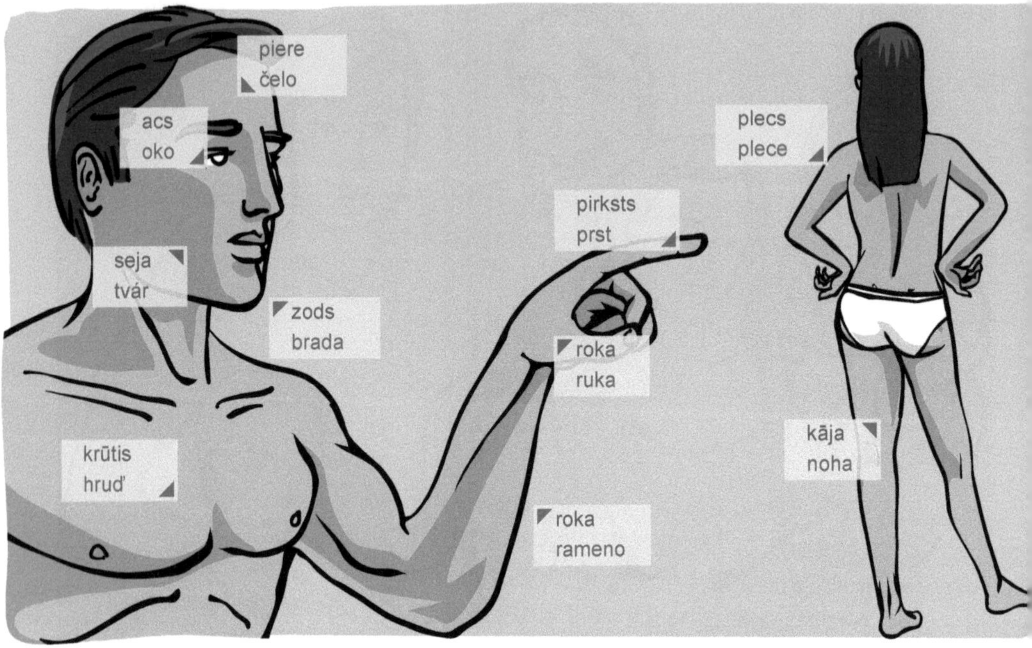

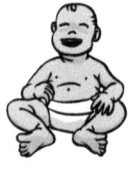

mazulis
bábo

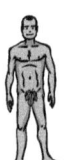

vīrietis
muž

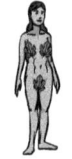

sieviete
žena

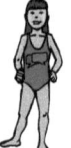

meitene
dievča

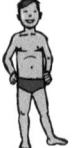

zēns
chlapec

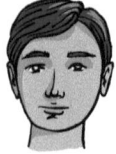

galva
hlava

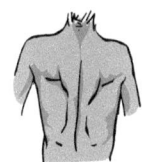

mugura

chrbát

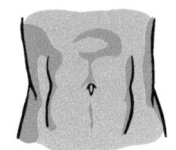

vēders

brucho

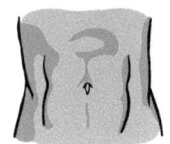

naba

pupok

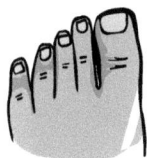

kājas pirksts

prst na nohe

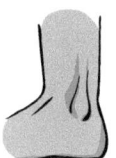

papēdis

päta

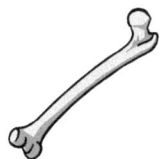

kauls

kosť

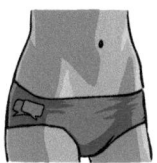

gurns

bok

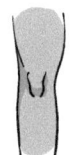

celis

koleno

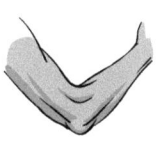

elkonis

lakeť

deguns

nos

dibens

zadok

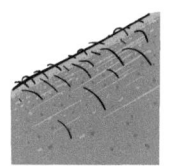

āda

koža

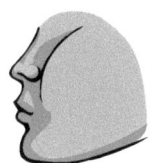

vaigs

líce

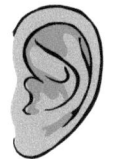

auss

ucho

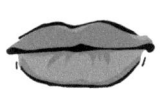

lūpa

pery

ķermenis - telo

mute
ústa

zobs
zub

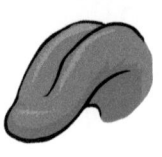

mēle
jazyk

smadzenes
mozog

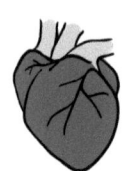

sirds
srdce

muskulis
svaly

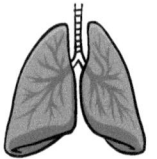

plaušas
pľúca

aknas
pečeň

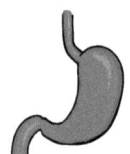

kuņģis
žalúdok

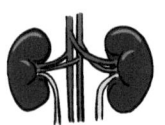

nieres
obličky

dzimumakts
pohlavný styk

kondoms
kondóm

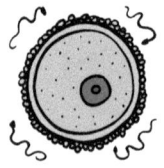

olšūna
vaječná bunka

sperma
semeno

grūtniecība
tehotenstvo

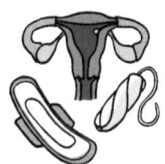

menstruācijas

menštruácia

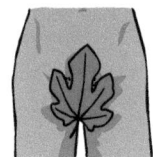

vagīna

vagína

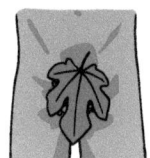

penis

penis

uzacs

obočie

mati

vlasy

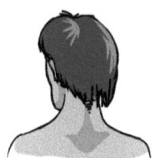

kakls

krk

slimnīca

nemocnica

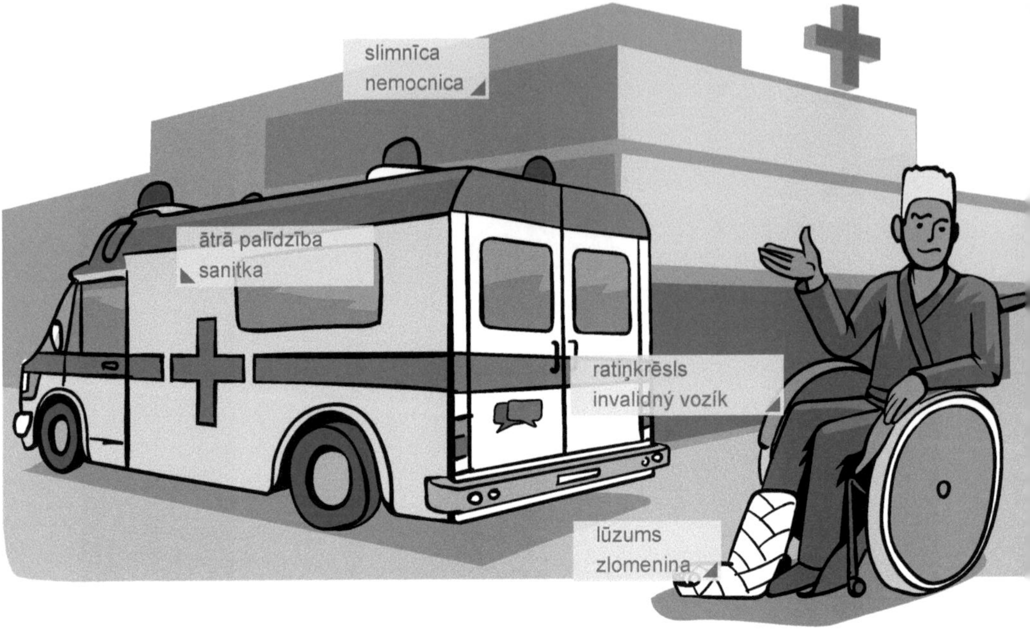

slimnīca
nemocnica
ātrā palīdzība
sanitka
ratiņkrēsls
invalidný vozík
lūzums
zlomenina

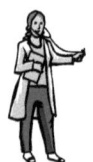

ārsts

lekár

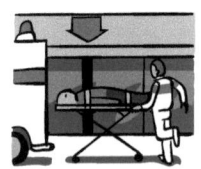

neatliekamās palīdzības nodaļa

urgentný príjem

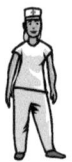

medmāsa

sestrička

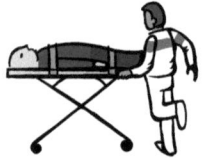

ārkārtas gadījums

urgentný prípad

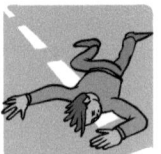

paģībis

v bezvedomí

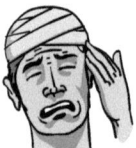

sāpes

bolesť

ievainojums

zranenie

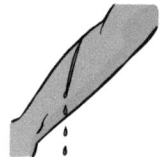

asiņošana

krvácanie

sirdslēkme

srdcový infarkt

insults

mozgová porážka

alerģija

alergia

klepus

kašeľ

temperatūra

teplota

gripa

chrípka

caureja

hnačka

galvassāpes

bolesť hlavy

vēzis

rakovina

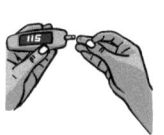

diabēts

cukrovka

ķirurgs

chirurg

skalpelis

skalpel

operācija

operácia

datortomogrāfija

CT

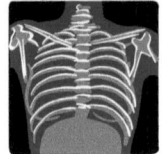

rentgents

RTG

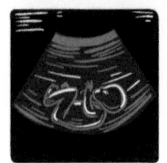

ultraskaņa

ultrazvuk

sejas maska

maska

slimība

choroba

uzgaidāmā telpa

čakáreň

kruķis

barla

plāksteris

náplasť

apsējs

obväz

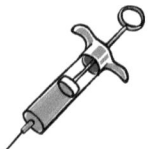

injekcija

injekcia

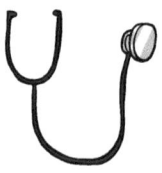

stetoskops

fonendoskop

nestuves

nosidlá

termometrs

teplomer

dzemdības

pôrod

liekais svars

nadváha

74

slimnīca - nemocnica

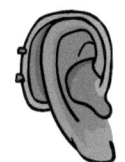

dzirdes aparāts
audiofón

dezinfekcijas līdzeklis
dezinfekčný prostriedok

infekcija
infekcia

vīruss
vírus

HIV / AIDS
HIV / AIDS

zāles
medicína

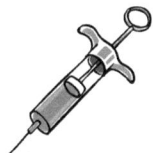

pote
očkovanie

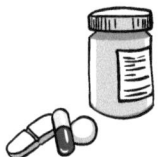

tabletes
tabletky

pretapaugļošanās tablete
antikoncepčná pilulka

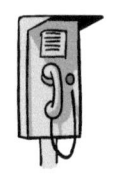

ārkārtas izsaukums
tiesňové volanie

asinsspiediena mērītājs
tlakomer

slims / vesels
chorý / zdravý

Palīgā!

Pomoc!

trauksme

alarm

uzbrukums

prepad

uzbrukums

útok

bīstamība

nebezpečenstvo

avārijas izeja

núdzový východ

Uguns!

Horí!

ugunsdzēšamais aparāts

hasičský prístroj

negadījums

nehoda

pirmās palīdzības aptieciņa

kufrík prvej pomoci

SOS

SOS

policija

polícia

Eiropa

Európa

Ziemeļamerika

Severná Amerika

Dienvidamerika

Južná Amerika

Āfrika

Afrika

Āzija

Ázia

Austrālija

Austrália

Atlantijas okeāns

Atlantický oceán

Klusais okeāns

Tichý oceán

Indijas okeāns

Indický oceán

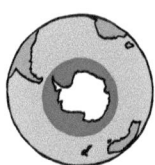

Dienvidu okeāns

Južný oceán

Ziemeļu ledus okeāns

Severný ľadový oceán

Ziemeļpols

Severný pól

Dienvidpols

Južný pól

Antarktika

Antarktída

zeme

Zem

zeme

krajina

jūra

more

sala

ostrov

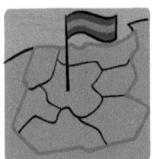

nācija

národ

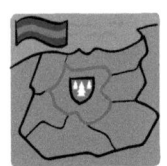

valsts

štát

ciparnīca

ciferník

stundu rādītājs

hodinová ručička

minūšu rādītājs

minútová ručička

sekunžu rādītājs

sekundová ručička

Cik ir pulkstenis?

Koľko je hodín?

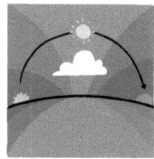

diena

deň

laiks

čas

tagad

teraz

digitālais pulkstenis

digitálne hodiny

minūte

minúta

stunda

hodina

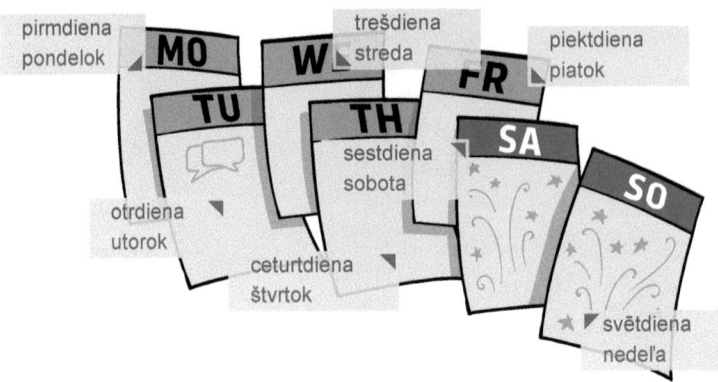

pirmdiena
pondelok

trešdiena
streda

piektdiena
piatok

otrdiena
utorok

sestdiena
sobota

ceturtdiena
štvrtok

svētdiena
nedeľa

vakardien

včera

šodien

dnes

rītdien

zajtra

rīts

ráno

pusdienlaiks

poludnie

vakars

večer

darbadienas

pracovné dni

brīvdienas

víkend

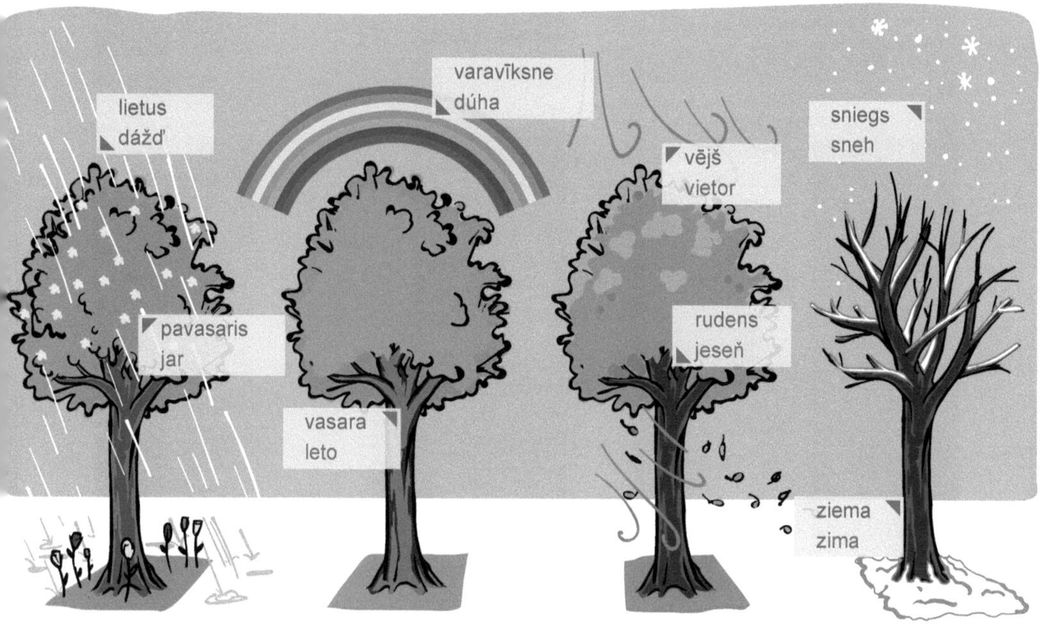

lietus
dážď
varavīksne
dúha
sniegs
sneh
vējš
vietor
pavasaris
jar
rudens
jeseň
vasara
leto
ziema
zima

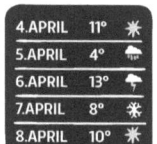

4.APRIL 11°
5.APRIL 4°
6.APRIL 13°
7.APRIL 8°
8.APRIL 10°

laika prognoze

predpoveď počasia

F C
120 90 60 30 0 -30
40 30 20 10 0 -10 -20

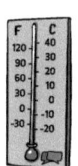

termometrs

teplomer

saules gaisma

slnečný svit

mākonis

oblak

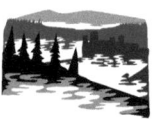

migla

hmla

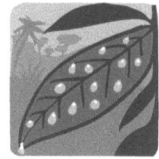

gaisa mitrums

vlhkosť vzduchu

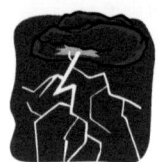

zibens

blesk

pērkons

hrom

vētra

búrka

krusa

krúpy

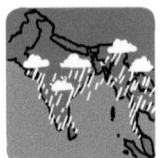

musons

monzún

plūdi

záplava

ledus

ľad

janvāris

január

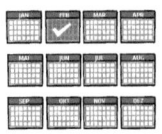

februāris

február

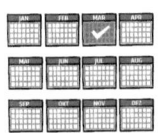

marts

marec

aprīlis

apríl

maijs

máj

jūnijs

jún

jūlijs

júl

augusts

august

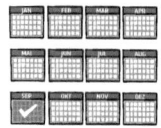

septembris
....
september

oktobris
....
október

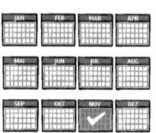

novembris
....
november

decembris
....
december

formas

tvary

aplis
....
kruh

kvadrāts
....
štvorec

četrstūris
....
obdĺžnik

trīsstūris
....
trojuholník

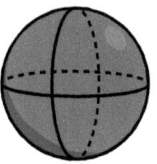

lode
....
guľa

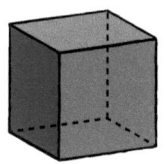

kubs
....
kocka

balts
....
biela

dzeltens
....
žltá

oranžs
....
oranžová

sārts
....
ružová

sarkans
....
červená

lillā
....
fialová

zils
....
modrá

zaļš
....
zelená

brūns
....
hnedá

pelēks
....
šedá

melns
....
čierna

daudz / maz

veľa / málo

saniknots / miermīlīgs

zúrivý / pokojný

skaists / neglīts

pekný / škaredý

sākums / beigas

začiatok / koniec

liels / mazs

veľký / malý

gaišs / tumšs

svetlý / tmavý

brālis / māsa

brat / sestra

tīrs / netīrs

čistý / špinavý

pilnīgs / nepilnīgs

úplný / neúplný

diena / nakts

deň / noc

miris / dzīvs

mŕtvy / živý

plats / šaurs

široký / úzky

baudāms / nebaudāms

chutný / nechutný

nikns / laipns

zlostný / láskavý

satraukts / garlaikots

vzrušený / unudený

resns / tievs

tlstý / chudý

pirmais /pēdējais

prvý / posledný

draugs / ienaidnieks

priateľ / nepriateľ

pilns / tukšs

plný / prázdny

ciets / mīksts

tvrdý / mäkký

smags / viegls

ťažký / ľahký

izsalkums / slāpes

hlad / smäd

slims / vesels

chorý / zdravý

nelegāls / legāls

nelegálny / legálny

inteliģents / dumjš

inteligentný / hlúpy

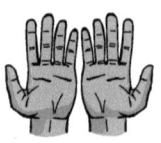

kreisais / labais

vľavo / vpravo

tuvu / tālu

blízko / ďaleko

jauns / lietots

nový / použitý

nekas / kaut kas

nič / niečo

vecs / jauns

starý / mladý

ieslēgts / izslēgts

zapnuté / vypnuté

atvērts / slēgts

otvorené / zatvorené

kluss / skaļš

tichý / hlasný

bagāts / nabags

bohatý / chudobný

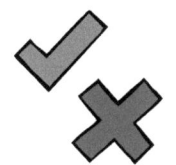

pareizi / nepareizi

správne / nesprávne

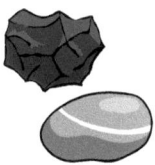

raupjš / gluds

drsný / hladký

noskumis / laimīgs

smutný / šťastný

īss / garš

krátky / dlhý

lēns / ātrs

pomaly / rýchlo

slapjš / sauss

mokrý / suchý

silts / vēss

teplý / studený

karš / miers

vojna / mier

pretstati - protiklady

0

nulle

nula

1

viens

jeden

2

divi

dva

3

trīs

tri

4

četri

štyri

5

pieci

päť

6

seši

šesť

7

septiņi

sedem

8

astoņi

osem

9

deviņi

deväť

10

desmit

desať

11

vienpadsmit

jedenásť

12

divpadsmit

dvanásť

13

trīspadsmit

trinásť

14

četrpadsmit

štrnásť

15

piecpadsmit

pätnásť

16

sešpadsmit

šestnásť

17

septiņpadsmit

sedemnásť

18

astoņpadsmit

osemnásť

19

deviņpadsmit

devätnásť

20

divdesmit

dvadsať

100

simts

sto

1.000

tūkstotis

tisíc

1.000.000

miljons

milión

Valodas

anglu
anglictina

amerikāņu anglu
americká angličtina

ķīniešu mandarīnu valoda
mandarínska čínština

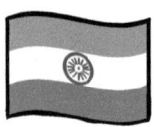

hindi
hindčina

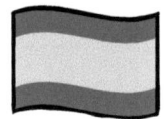

spāņu
španielčina

franču
francúzština

arābu
arabčina

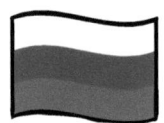

krievu
ruština

portugāļu
portugalčina

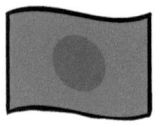

bengāļu
bengálčina

vācu
nemčina

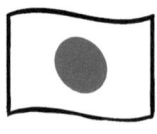

japāņu
japončina

es
ja

tu
ty

viņš / viņa
on/ona/ono

mēs
my

jūs
vy

viņi / viņas
oni

kas?
kto?

ko?
čo?

kā?
ako?

kur?
kde?

kad?
kedy?

vārds
meno

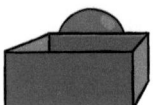

aiz

za

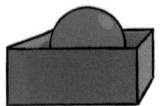

iekšā

v

priekšā

pred

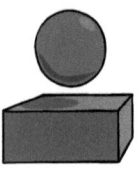

virs

nad

uz

na

zem

pod

blakus

vedľa

starp

medzi

vieta

miesto